AF586917

MASCARADE DE LA COUR DE SAVOYE.

1679.

Ie vous diray donc que le dernier Dimanche du Carnaval, Madame Royale donna un grand Bal, où les Ambaſſadeurs furent conviez. Ce Bal fut agreablement interrompu par une Maſcarade dont Monſieur le Duc de Savoye voulut régaler Madame Royale. En voicy un Recit fidelle.

Extraordinaire du Mercure galant.

MASCARADE
DE LA COUR
DE SAVOYE.

LEs Airs de Dance ayant cessé tout d'un coup, on entendit un grand Prélude de plusieurs Instrumens diférens, qui en surprenant toute l'Assemblée, luy fit garder un fort grand silence. Tous ces Instrumens s'estant meslez formerent une symphonie tres-agreable, & pendant que l'oreille y estoit attachée, on vit sortir de l'Apartement de S. A. R. qui répondoit dans la Salle du Bal, une Egyptienne d'un ajustement magnifique. Elle estoit representée par la Signora Cecilia. C'est une Musicienne dont la voix est admirable, & extraordinaire. Elle l'a tendre & douce quand elle veut, & extrémement forte pour une Fille, quand il est besoin qu'elle la pousse. Elle s'avança de fort bonne grace jusqu'aupres du Marchepied où estoit Madame Royale, & chanta les Paroles qui suivent du ton recitatif. Elles sont sans rimes, comme tous les Recitatifs Italiens.

Dà la superba Mensi,
Ove il suolo fecondo
Di Piramidi eccelse
Vanno l'Etra à ferir moli fastose,

Per l'onde procellose
Del Tirreno spumante,
A voi lieta m'en' venni, ó gran Regnante.

Qui mi trasse la fama
Che dell' Egitio Regno
Nelle contrade auguste
Sparse del vostro nome
Alto ribombo,
E con sublimi Cantì
Spargendo i vostri vanti,
Coll' aurea tromba un di
Su le sponde de nil Cantò così.

La Chanson suivante succeda au Recitatif. Elle fait connoistre ce que la Renommée publie dans tout le Monde à la gloire de Madame Royale. L'Air en estoit gay, & les deux Couplets furent separez par une tres-belle Ritournelle que joüerent tous les Violons.

Real Donna il secol doro
Su la Dora fiorir fà.
Son sue gioie, e suo tesoro
La grandezza e la bontà.
Real Donna il secol doro
Su la Dora fiorir fà.

Ite, Popoli stranieri,
A veder dell' Alpi il Sol:
Ch'io del mondo a i vasti Imperi
Le sue glorie canto à vel.
Ite, Popoli stranieri,
A veder dell' Alpi il Sol.

Apres que la mesme Egyptienne eut chanté cet Air, elle recommença le Recitatif, dont une Ritournelle separa tous les Couplets. Le premier préparoit Madame Royale à la veuë des cinq autres Egyptiennes qui devoient paroistre ; & ceux qui le suivent marquoient que S. A. R.

estoit l'une d'elles. Voicy les Paroles du second Recitatif.

Allettate dal grido
Del vostro augusto merto,
Dalle piagge Affricane
Meco nobil desio
Trasse cinque Donzelle,
Leggiadrissime e belle;
Erminia la gentile,
Rossane la leggiadra,
Sofonisbe l'ardita,
E Campaspe la scaltra,
Tutte di chiaro sangue,
Accorte, pronte e destre,
E nell' arte indovina
Alte maestre.

Mà tra queste Zafirra
Tal fà di sua virtù
Mostra pomposa,
Quale fà il Sol
Tra le minute stelle.
Come vaga Zafirra,

Come bella risplende,
Come i suoi tratti grandi
La palesano ogn'hor
Nata à i commandi,
Il maestoso sguardo
La beltà del sembiante
La dichiaran regnante;
In questa Zingaretta
Scorgo impressi e segnati
Del vostro cor i generosi tratti.

Dell' vostr' animo augusto
La grandezza spirante,
Insin rauviso in essa
Tutto ciò che di bel luce in voi stessa,
Nell' augurar altrui
Le felici auventure
Non erra il suo presaggio;
Anzi imitando anch' essa
I generosi spiriti
Che nutrite nel Core,
Magnanima Sovrana,
Siben del presaggir possiede l'arte,
Ch'in augurando i beni
Il ben comparte.

Tale in somma, e Zafirra
Che sè distintamente
Osservando i suoi tratti
L'occhio e la mente
A lei d'intorno gira,
Voi tutta in essa,
Ed essa in voi rimiro.

L'Egyptienne se tourna vers les Dames de la Cour, & leur adressa ces Vers.

Stelle lucenti e belle,
Che qui d'intorno assise
In quest' aula real liete brillàte,
Solecite vegliate;
Che queste Zingarette
Son ladre si perfette,
Che sprezzando l'argento,
E le prede minori,
Avezze son sol à rubbar i Cori.

L'Air qui suit fut chanté apres ce second Recitatif.

Brune Figlie del Sol,
Vscite dunque, uscite.
Digià la notte à vol
Dalle grotte romite
Sparse dolce sopor.
Dalle grotte romite
Vscite dunque, uscite.
Suegliato Solo amor
Vibrando il dardo fier,
Non dorme nò, non dorme il crudo Arcier.

Il y eut icy une Ritournelle, pendant laquelle les cinq Egyptiennes sortirent du mesme endroit d'où estoit sortie la premiere qui avoit chanté. Elles occuperent le milieu de la Salle pour commencer le Ballet; & comme il y en avoit une qui paroissoit avoir de grands avantages, cette premiere chanta les deux Vers suivans aux quatre autres qui l'accompagnoient.

Seguite liete l'orme di Zafirra immortale,
Che non conosce errori un pié reale.

Ces deux derniers Vers n'auront rien d'obscur pour vous, quand je vous auray dit que Son Altesse Royale estoit la premiere de ces cinq Egyptiennes. Les quatre autres estoient M^r le Prince d'Ostfrise, Comte d'Embden, qui s'attache depuis plus d'un an à faire la cour à ce jeune Souverain; M^r le Marquis de Palavicin, dont la Maison est aussi illustre qu'ancienne; M^r le Comte de Verruë, Neveu de M^r l'Abbé Scaglia, Ambassadeur de Savoye en France. Ce jeune Seigneur n'est pas seulement considérable par sa naissance, & par le merite de ceux qui ont porté & qui portent encor aujourd'huy son nom, mais aussi par luy-mesme, tout ce qu'il fait estant au dessus de son âge. La cinquiéme Egyptienne estoit representée par M^r le Comte de Chalan, Marquis de Lenoncourt, de la noble & ancienne Maison de Lenoncourt en Lorraine.

Il ne se peut rien voir de plus agreablement varié que le furent l'air, les pas, & la figure de cette Entrée. Elle fut executée avec une justesse admirable, quoy que le plus âgé de ces illustres & jeunes Danceurs n'eust pas encor quatorze ans. Leur legereté surprit tout le monde. Ils accompagnoient leurs pas, tantost du bruit de cinq Tambours de Basque, & tantost de celuy des Cas-

tagnetes; mais quelque agrément qu'ils eussent tous, il est certain que S. A. R. en parut le Maistre de toutes manieres. Rien n'estoit plus riche, plus galant, & plus magnifique que leurs Habits. Madame Royale qui s'attendoit à une Entrée de Balet, mais qui ne s'estoit point fait rendre compte de ce qu'on avoit preparé pour luy donner de l'éclat, fut si charmée de voir son auguste Fils s'acquiter pour la premiere fois avec tant de grace d'une galanterie de cette nature, que les transports qu'elle en sentit parurent sur son visage, & s'expliquerent apres le Balet par mille carresses qu'elle fit à ce jeune Prince. Madame la Princesse ne témoigna pas moins de joye de tout ce qu'elle avoit veu. Voicy divers Madrigaux qui furent faits pour estre *distribuez à quelques Dames de la Cour pendant cette Mascarade, dont on donna encor le divertissement à Madame Royale le dernier jour du Carnaval.*

I.

EN voyant des Egyptiens,
Vous avez crû d'abord comme une chose sûre,
Qu'apres quelques doux entretiens
Ils vous diroient vostre bône avanture:
Mais vous qui paroissez si peu sensible à tout,
Et qui pour l'avanture avez tant de dégoût,
Croyez-vous qu'à vous satisfaire
Ces Prophetes galans de plein gré s'offriront?
Non, contre vos froideurs ils ont trop de colere:
D'une bonne avanture offrez-leur la matiere,
Et pour lors ils vous la diront.

II.

POur autoriser vos fiertez,
Vous sçavez, dites-vous, le prix de vos beautez,
Et que leurs plus grands coups n'ont rien de redoutable.
Dans ces faux sentimens, Iris, de vos beaux jours
Vous passez l'insensible cours,
Sans sçavoir ce que c'est qu'un moment agreable;
Et tous les traits perçans d'une tendre amitié,
Tout ce qui rend un Amãt miserable,
Passe chez vous pour une Fable.
En verité vous me faites pitié,
A force d'estre impitoyable.

III.

IRis, je suis de vostre sentiment;
Il faut penser bien serieusement
A cette conqueste nouvelle
Qui vous offre des vœux si pleins d'empressement.

Vne affaire de cœur, un tendre engagement,
N'est pas un jeu de bagatelle;
Pour en rendre la suite aussi douce que belle,
Tout dépend du commencement.
Feignez donc d'estre encor fiere, ingrate, inflexible;
Pour attacher un cœur, c'est le plus seûr détour;
Et plus vous paroistrez à l'amour insensible,
Plus vostre Amant sera sensible à son amour.
Mais s'il s'impatiente, & veut briser ses chaînes,
Par quelques doux regards ranimez ses desirs,
En attendant les solides plaisirs
Dôt vous devez récõpenser ses peines.
De ces heureux momens les régles sont certaines,
Sõgez y bien, le tẽps des vains soûpirs
N'est limité qu'à trois semaines.

IV.

VOus vous plaignez obligeāment
Qu'Alcandre vous voit rarement,
Mais c'est de vos yeux seuls que vous devez vous plaindre,
A la retraite ils ont sçeu le cõtraindre;
Leur éclat est si foudroyant,
Que tous leurs coups sont de ces coups à craindre,
Qu'on ne peut parer qu'en fuyant.

V.

VOus dites que la Verité
Est de tous vos discours la compagne fidelle,
Et qu'un Fait important comme une bagatelle,
Est declaré par vous avec sincerité.
Ie le croy: mais enfin pour plus de certitude,
Souffrez qu'un peu de passion
Fasse dans vostre cœur la douce impression

D'une amoureuse inquiétude.
Apres, si d'un regard ou tendre, ou
plein de feu,
Vous confirmez le libre aveu
Que de vos sentimens me fera vostre
bouche,
Belle Aminte, je vous croiray;
Car c'est là la pierre de touche
Où l'on connoit qu'une Femme dit
vray.

VI.

SI vous vivez dans la retraite,
Les jeunes gloseront sur vostre auste-
rité:
Si c'est dans l'enjoûment d'une ame
satisfaite,
Les vieilles blâmeront avec temerité
Vostre innocente liberté;
Et vous appelleront Coquette.
Cloris, le monde est fait ainsy,
La Censure dans tout prend un piquant
soucy;
Mais quoy que la Censure gronde,
Suivez toûjours les doux panchans

Des plaisirs qui pour vous seront les plus touchans,
Et moquez-vous de ceque dit le monde.

G.

Ces quatre autres Madrigaux ont esté faits aussi pour estre donnez dans la mesme Mascarade. Ils sont de Mr d'Aubigny.

I.

VOstre Amant irrité de se voir un Rival,
Cherche aupres de Philis un remede à sa peine;
Mais son attente sera vaine,
Le remede n'est pas assez fort pour le mal.

II.

VN de vos cent Amans las de vostre tiedeur,
Vous veut oster son cœur:
La perte d'un Amant est toûjours chagrinante.
Vostre pouvoir sur luy veut-il se maintenir?

Il a l'ame reconnoissante,
La honte d'estre ingrat pourroit le retenir.

III.

VOstre Amant songez-y, veut suivre d'autres Loix.
Celle dont il fait choix,
Sans-doute n'est pas si charmante;
Mais le goust du siecle est gasté.
Belle Iris, un peu plus de douceur complaisante
Fait excuser un peu moins de beauté.

IV.

VOus ne cherchez (dit-on) que la gloire certaine
De mettre tous les cœurs, Iris, dans vostre chaîne.
Mais si certain Berger vous nommoit son vainqueur,
Ie vous voy disposée à croire,
Que mille Amans qui flatent nostre gloire
N'en sçauroient valoir un qui flate nostre cœur.

www.ingramcontent.com/pod-product-compliance
Lightning Source LLC
LaVergne TN
LVHW052037160826
845678LV00003B/1388